THEATRE UNIVERSEL DES MACHINES,
OU
RECUIL CHOISI
De divers grands & beaux Ouvrages conſtruits dans l'Eau;
D'ECLUSES, DE MOULINS, DE PONTS, &c.
Avec leurs Plans, Elévations, & Profils.

Où l'on montre très exactement la manière de faire des Levées pour conſtruire des Ecluſes, & de deſſecher l'endroit où l'on veut les bâtir : Un Ducre, pour faire entrer & ſortir l'eau, tant en Eté qu'en Hiver ; avec une Ecluſe & une Traverſe, pour mettre les terres ſous l'eau : Une Ecluſe avec diverſes Portes, & leurs Plans ; où l'on montre la manière de les pendre, celle de les bien écurer, & l'on repréſente des Seuils de différente groſſeur. On y trouve auſſi une très belle repréſentation de la conſtruction d'un Sas, ou Canal étroit, avec tous les Plans, Outils, & Mouſles qui en dépendent ; de celle d'un Moulin à Chapelet & à Vis d'Archimede ou Limace ; d'une Pompe pour deſſecher les Ecluſes & autres Eaux. On y a joint une Invention très ingénieuſe pour jetter des Ponts ſur les Rivieres, ſans Levées, par le moyen des Coffres.

Le tout repréſenté & deſſiné très exactement & d'une manière toute nouvelle, par

JAQUES POLLEY,
Célèbre Deſſinateur d'Ecluſes & de Machines, à Sardam.

Et gravé par
JEAN SCHENK.

Traduit du Hollandois en François, avec permiſſion de S. M. le Roi de Pologne, Electeur de Saxe, par

JEAN-RODOLPHE FÆSCH,
Lieutenant-Colonel du Corps des Ingénieurs de Sa Majeſté le Roi de Pologne, Electeur de Saxe, & Membre de la Société Royale des Sciences de Berlin.
TOME SECOND.

A AMSTERDAM,
Chez PIERRE SCHENK, Marchand d'Eſtampes & de Cartes Géographiques, dans le Warmoes-ſtraat près du Vygendam, à l'Atlas de N. Viſſcher. 1737.
Avec Privilege des Etats de Hollande & de Weſt Friſe.

RECUEIL CHOISI

De divers grands & beaux Ouvrages conſtruits dans l'Eau,

D'ECLUSES, &c.

DESCRIPTION
de diverſes
ECLUSES,
Avec leurs Plans & Elévations.

PLANCHE I.

ECLUSE avec deux paires de PORTES, & une LEVE'E devant, & une autre derriere, pour deſſecher l'endroit où l'on veut bâtir l'Ecluſe, ſoit par le moyen des Pompes, des Vis d'Archimede, ou d'autres Inſtrumens propres à cela.

LA *Figure* 1. montre de quelle maniere il faut conſtruire le fond de l'Ecluſe, ſavoir *A*, les Pa-

Patins ou Racinaux, qu'il faut bien joindre l'un contre l'autre, excepté dans les endroits où viennent les Pals-à-planches, où ils ne se joignent qu'à proportion de l'épaisseur de ces prémiers. *B*, les 4 rangées de Pals-à-planches, qu'il faut hier jusques dans le sable, de maniere qu'ils ne surpassent les Patins que d'un pouce, & qu'ils sortent de 3 à 4 pieds hors de la muraille de l'Ecluse. *C*, les Planches à planchéier sur les Racinaux & sur les Pals-à-planches, entaillées d'un pouce. *D*, les Platte-formes jointes & posées sur le fond, & clouées par-dessus les Patins ou Racinaux, & le fond. *E*, les Seuils, que l'on entaille d'un pouce dans les planches du plancher, & que l'on repasse avec de la mousse, & du goudron; le tout affermi avec des cloux de bois. *F*, est la maçonnerie entre les Platte-formes. *G*, sont les planches du plancher, qui débordent pour y pouvoir hier les Pilotis de bordage.

Fig. 2. La Levée intérieure. *A*, les Ancres qui sont entaillées sur les poutres d'aile, & bien serrées avec des boulons. *B*, les Poutres d'aile, qui sont attachées à chaque Pilotis avec un boulon. *C*, les Pilotis, devant & contre lesquels viennent les Tables, avec les planches que l'on met au devant, & que l'on pose debout. *EE*, deux lignes par lesquelles on marque la largeur du Canal, ou de l'Eau.

Fig. 3. La Levée intérieure, en Elévation.

La *Fig* 4. montre très distinctement le Fond de l'Ecluse, pour y poser les portes.

La *Fig.* 5. représente une Levée en angle, pour détourner l'eau extérieure. *A*, les Poutres d'aile intérieures, entaillées au milieu l'une sur l'autre, l'autre, & affermies avec des boulons. *B*, les Pilotis, dont chacun est joint aux poutres d'aile par un boulon. *C*, les Ancres entaillées sur les poutres d'aile, & attachées avec des boulons. *D*, les Tables & les Planches qui viennent contre les Pilotis. *E*, les Poutres d'aile du dehors, entaillées & bâties comme *A*.

Fig. 5. Une Aile en Elévation.

Fig. 6. Porte à vanne, avec un Levier, pour ouvrir & fermer la porte, & un fer pour en lever la Vanne.

Fig. 7. L'Ecluse en Elévation, avec les Levées au-devant.

Fig 8. L'Echelle.

NB. On ne joint point ici d'autre Explication sur la maniere de construire cette Ecluse, parce qu'on la démontrera dans la suite.

PLANCHE II.

Une ECLUSE à DUCRE, avec deux paires de Portes qui tombent (ou grosses Vannes), dont l'une est ouverte, & l'autre fermée. Celle qui est ouverte, sert pour faire entrer l'eau du dehors en Eté, quand il fait fort sec, & que par conséquent il y a trop peu d'eau dans les terres.

Fig. 1. Le Fond du Ducre, lequel on représente ici tel qu'on le fait ordinairement en Nord-Hollande. *A*, les Pilotis, tels qu'on les hie. *B*, les Patins ou Racinaux, mis l'un contre l'au-

A 2 tre,

tre, excepté aux endroits où doivent venir les Pals-à-planches ; car là ils font féparés de l'épaiſſeur des Pals-à-planches. *C*, les Pals-à-planches entre les ſuſdits Patins, qui doivent être hiés juſques ſur, ou dans le ſable, & déborder d'un pouce au-deſſus des Patins, & 2 à 3 pieds hors du côté extérieur des Murailles de l'Ecluſe. *D*, les Planches du Plancher, leſquelles ſe joignent l'une contre l'autre, entaillées ſur les pals-à-planches d'un pouce, & clouées ſur les patins. *E*, les Platte-formes, clouées ſur le plancher & les patins. *F*, un Seuil devant la groſſe Vanne, cloué pareillement. *G*, le Seuil pour les portes tournantes, entaillé d'un pouce dans les planches du plancher, cloué d'un bout à l'autre, & repaſſé avec de la mouſſe & du goudron. *H*, indique 4 Planches qui débordent, pour y hier les pilotis de bordage, tant pour garantir les murailles, que pour en lier les Ailes ; & l'on en a marqué la largeur par des points.

Fig. 2. Le Ducre, vu du haut jusqu'en bas, tel qu'il eſt conſtruit. *A*, le bout du Ducre qui eſt hors de la voûte. *B*, la Poutre devant le Ducre, pour garantir l'ouvrage. *C*, les Pieux pour garantir les murailles. *D*, les groſſes Vannes, avec les pierres de taille, ſur leſquelles l'on poſe les Vindas.

Fig. 3. Le Profil du Ducre, avec tous ſes Ouvrages intérieurs. *A*, les Pieux devant la muraille. *B*, les Poutres devant le Ducre. *C*, les Rainures pour les groſſes Vannes. *D*, repréſente une Porte dans ſon Renfoncement. *E*, l'autre Renfoncement, où l'on repréſente un Garde, afin que les portes ſoient prêtes à la marée, & qu'elles ſe ferment d'elles-mêmes

par

Avec leurs Plans & Elévations.

par l'écoulement de l'eau. *F*, les Seuils de dessous.

NB. *L'on montre distinctement dans cette Elévation de quelle maniere l'on entaille les Pals à planches & le Plancher dans les Seuils.*

Fig. 4. Le Garde que l'on pend derriere les portes, pour les empêcher d'entrer tout à fait dans le renfoncement, afin qu'elles puissent être frappées par l'eau qui entre, & ainsi se fermer d'elles-mêmes.

Fig. 5. Le Vindas, avec une grosse Vanne par dessous, telle qu'on les guinde en-haut.

Fig. 6. Le bout extérieur du Ducre, avec le Vindas dessus. NB. *Il est placé trop bas de 3 à 4 pieds, à cause que la place est trop étroite.*

Fig. 7. Une grosse Vanne ouverte, qui se peut fermer autant que la place le demande.

Fig. 8. Les Métaux sur lesquels tournent les portes.

NB. *Les Charnieres, ou Pantures ne sont point représentées ici, parce qu'elles sont semblables à celles d'une Ecluse, (dont nous avons fait mention dans le prémier Tome.)*

A, La Crapaudine de métal, coupée, en Plan, & en Elévation. *B*, le Pivot, coupé, en Plan, & en Elévation.

Fig. 9. Le Seuil, avec la plus proche Platteforme auprès ; & entre-deux, les Entretoises.

Fig. 10. L'Echelle des *Fig.* 1. 2. 3. 4. 5. 6. & 7.

Fig. 11. L'Echelle des *Fig.* 8. & 9.

PLANCHE III.

ECLUSE avec trois paires de Portes & une Traverse. L'une de ces paires de Portes sert à arrêter l'eau du dedans des terres, & les deux autres à arrêter celle du dehors. La Traverse est pour pouvoir ouvrir les portes, quand l'eau est plus haute de 2 ou 3 pieds d'un côté que de l'autre, soit pour la faire écouler, ou pour la faire entrer, & mettre ainsi le pays sous l'eau.

Fig. 1. L'Ecluse, en Plan, comme elle se montre étant ouverte, avec les portes dedans. *A*, les Portes extérieures. *B*, les Portes intérieures, pour arrêter l'eau extérieure. *C*, les Portes du milieu, pour arrêter l'eau intérieure. *D*, La Traverse ou le Seuil, & la Rainure.

Fig. 2. L'Elévation coupée, telle qu'elle se présente. *A*, les Portes. *B*, la Rainure dans la muraille. *C*, les Seuils pour les portes. *D*, les Platte-formes avec les murailles au milieu. *E*, le Plancher. *F*, les Patins ou Racinaux. *G*, les Pals-à-planches. *H*, un Vindas pour ouvrir la Vanne, lequel est directement au-dessus du Montant. *K*, le Seuil pour l'Aqueduc.

Fig. 3. L'Elévation de l'Ecluse, au bout, avec les portes bien fermées; les poutres sont ponctuées devant; & pour les placer, on les laisse tomber l'une après l'autre dans la rainure ou coulisse, jusqu'à ce qu'elle soit remplie du bas

jus-

jusqu'en-haut ; après quoi quand les vannes font élevées & les portes tout à fait libres, on les peut élever & attacher. Quand on a élevé les poutres l'une après l'autre, l'eau peut paffer par où elle veut.

PLANCHE IV.

ECLUSE à TROIS PAIRES DE PORTES, avec les SOUS-POUTRES du Pont qui paffe par-deffus.

Fig. 1. L'Ecluse vue d'en-haut en-dedans, entierement achevée. *A*, les Vindas, par lesquels on ouvre & ferme les portes. *B*, les Vindas avec lesquels on leve les Vannes, dont chacune est fcellée avec quatre boulons aux pierres de taille, pour les tenir fermes.

Fig. 2. L'Elévation de l'Ecluse, avec tout ce qui est en dedans. *A*, les pierres creuses avec leurs griffes, pour y ficher les crocs ou gaffes. *B*, les Renfoncemens pour les Portes. *C*, les Renfoncemens pour les Vannes. *D*, les Souspoutres pour le Pont. *E*, un Escalier afin que de l'Ecluse on puisse entrer dans les bateaux.

Fig. 3. Le bout de l'Ecluse, en Elévation. *A*, l'on montre ici combien les Pals-à-planches débordent les Patins, du côté extérieur de la muraille.

Fig. 4. Une partie de la Barriere, en Plan. *A*, le Seuil. *B*, la Place devant le Seuil, laquelle reste ouverte & qu'on ne remplit point de pierres, à cause des ordures qu'on y jette. *C*, les

Platte-

Platte-formes clouées sur le plancher. *D*, la maçonnerie entre les Platte-formes. *E*, l'Entretoise ou la Clé entre le Seuil & la Platteforme.

Fig. 5. L'Elévation du Plan de la *Fig.* 4. *A*, le Seuil qui est entaillé d'un pouce dans le Plancher: aux bouts, il y a un trou, pour le pouvoir lever avec un Cric. *B*, les Païs-à-planches, qui entrent d'un pouce dans la Barriere. *C*, les Platte-formes, qui sont séparées de deux pieds. *D*, les Patins, qui sont placés l'un contre l'autre.

Fig. 6. Les grandes Portes, qui sont placées au bout extérieur de l'Ecluse, pour arrêter l'eau de dehors. *A*, les Portes en Plan, comme elles se montrent par en-haut. *B*, le Blochet avec la Poulie pour la vanne. *C*, les Etriers de fer, autour de la partie supérieure des Poteaux-battans : chacun à deux œillets ou ouvertures, pour y amarrer les cables. *D*, les Portes en Elévation, vues par dedans, avec toute la ferrure qui y appartient. *E*, l'Etrier de la traverse d'enhaut auprès du Montant. *F*, l'Etrier à la traverse d'en-haut auprès du Poteau-battant. *G*, les Boulons, avec lesquels on affermit les Collets de fer. *H*, le Montant & le Poteau-battant, sur le côté.

Fig. 7. Les Portes du milieu par dehors, avec la Vanne qui est devant. *A*, la Vanne avec les Listeaux à rainure. *B*, la Chaine qui doit venir jusqu'à la poulie, lorsque la Vanne est descendue. *C*, la Poulie de métal. *D*, la Vanne sur le côté, avec les Listeaux séparés d'un quart de pouce l'un de l'autre. *E*, la Ferrure de la vanne doit être affermie entre-deux. *F*, le Montant

tant & le Poteau-battant, où l'on remarque toutes les Entretoises, le Revêtement extérieur & intérieur, avec la doublure joignant le revêtement extérieur, pour empêcher par-là l'écoulement de l'eau.

Fig. 8. Les petites Portes. L'on marque en même tems comment on les joint avec tenons & mortaises, boulons à crampons, &c.

Fig. 9. Un Vindas, moyennant lequel on ouvre & ferme les portes, avec tout ce qui y appartient.

Fig. 10. Une Pierre creuse avec la Griffe de fer, qu'on enchâsse dans la muraille, pour y ficher les crocs.

Fig. 11. Une Pierre de taille avec une charniere, comme on les met dans la muraille. *A*, un Boulon, pour la charniere. *B*, une Bande de fer, pour le col du Montant. *C*, la Charniere. *D*, les Ancres de la charniere, par lesquelles on passe un Tirant pour les bien affermir dans la muraille.

Fig. 12. L'Echelle des *Fig.* 1. 2. & 3.
Fig. 13. L'Echelle des *Fig.* 4. 5. 6. 7. 8 & 9.
Fig. 14. L'Echelle des *Fig.* 10. & 11.

PLANCHE V.

DÉMEMBREMENT, qui appartient au Fond de l'Ecluse précédente de la Planche IV. *Ce Démembrement fait voir distinctement les Pilotis, une partie des Patins & Pals-à-planches, les Seuils de la Barriere, les au-tres*

tres Seuils, comme auſſi les Modèles des Crapaudines, Tenons, & Pierres de taille.

Fig. 1. Le Fond de l'Ecluſe. *A*, les Pilotis, qui doivent être tels que le Fond les demande. *B*, les Patins, qui ſont l'un contre l'autre ſur les Pilotis, excepté là où viennent les Pals-à-planches. *C*, les Pals-à-planches & les Patins qui ſont par-devant & par-derriere, & qui débordent des deux côtés de 3 ou 4 pieds plus que les autres Patins. *D*, le Plancher, que l'on joint toujours en cas de beſoin en échiquier. *E*, les Platte-formes clouées ſur le Plancher. *F*, le Seuil, qui eſt entaillé d'un pouce dans le plancher, que l'on repaſſe avec de la mouſſe & du goudron, & qu'on cloue enſuite. *G*, les Pilotis de bordage, avec les planches du Plancher qui débordent.

Fig. 2. Un Seuil, avec une Platte-forme, & les Entretoiſes qui y appartiennent, repréſentées en grand. *A*, le Seuil. *B*, la Clé. *C*, les Décharges. *D*, la Platte-forme devant le Seuil. *E*, les Entretoiſes. *F*, l'Entretoiſe de côté. *G*, les Coins pour les Crapaudines. *KK*, la largeur de l'Ecluſe. *K.I*, la profondeur des Renfoncemens des portes. *I. H*, les bouts des Seuils qui entrent dans les murailles.

NB. *On compte d'ordinaire pour l'Angle ſaillant, ſur chaque pied de largeur de l'Ecluſe, ¼ de pied de ſaillie, de ſorte que ſi l'Ecluſe avoit 20 pieds de large, la ſaillie où les Portes s'ouvrent auroit 5 pieds de longueur pour la Clé; mais cela peut auſſi ſe faire avec une ſaillie plus petite.*

Fig. 3. Le Seuil démembré, où l'on montre

comment il se joint avec tenons & mortaises. *A*, le Seuil sur le côté, avec les mortaises en-haut. *B*, les Mortaises pour les Entretoises. *D*, les Coins, où viennent les Crapaudines. *E*, les Mortaises pour les Décharges. *F*, les Mortaises pour la Clé. *G*, les Décharges sur leur plat. *H*, les Décharges sur le côté. *K*, la Clé sur le côté.

Fig. 4. La Crapaudine de métal & le Pivot. *A*, le Plan & l'Elévation de la Crapaudine. *B*, le Plan & l'Elévation du Pivot.

Fig. 5. Les Pierres de taille.

Fig. 6. L'Echelle de la *Fig.* 1.

Fig. 7. L'Echelle des *Fig.* 2. 3. 4. & 5.

PLANCHE VI.

On représente ici, en Plan & en Elévation, comment les Portes sont pendues par en-haut & par en-bas; & l'on y a encore dessiné une partie d'un Montant.

Fig. 1. Le Seuil ponctué, avec la Porte devant, & les Charnieres, comme elles sont posées dans la muraille. *A*, l'Etrier. *B*, les Ancres qui entrent dans la muraille. *G*, un Tirant qui est fiché au travers des Ancres.

Fig. 2. Le bout du Montant, en Plan & en Elévation. *A*, le Montant, en Plan. 1. le Centre du Montant. 2. le Centre du Pivot & de la Crapaudine, qui, pour que le Montant ne se déjoigne pas, sont éloignés de côté l'un de l'autre, comme on peut le voir dans la Figure. *B*, l'Elévation du Montant.

Fig. 3.

Fig. 3. Le Seuil, en Plan, avec la Platte-forme & les Entretoises devant ; les Crapaudines entaillées aux Seuils, avec les Tenons dans les Crapaudines.

Fig. 5. Les Portes, en Elévation, ferrées par en-bas, & éloignées par en-haut, autant qu'il est néceffaire.

PLANCHE VII.

On montre ici comment on écure les Portes contre les Pierres de taille.

Fig. 1. Le bout d'une Eclufe, en Plan, avec un Seuil & la Porte appuyée contre, pour écurer. *A*, le Seuil. *B*, la Porte. *C*, l'Etaie d'en-haut. *D*, l'Etaie d'en-bas. *E*, la Lambourde ou petite Poutre, par laquelle on leve la porte. *F*, le Bloc qui est posé sous la Lambourde.

Fig. 2. L'Elévation de la Muraille & le Renfoncement où entre la Porte. *A*, le Seuil. *B*, la Clé, qui est représentée attachée avec ses tenons au Seuil. *C*, le Montant. *E*, les Entretoises. *F*, l'Etaie d'en-haut. *G*, Celle d'en-bas. *H*, la Lambourde. *I*, le Bloc.

Fig. 3. On représente ici l'Ouvrage en Perspective, pour voir plus distinctement comment on écure une Porte ; & quand tout est ainsi préparé, on leve sans cesse la Porte en-haut, parce qu'elle incline d'elle-même à se baisser ; pendant qu'on verse de l'eau & du sable, jusqu'à ce que tout cela soit ferme.

Fig. 4. L'Echelle.

PLAN-

PLANCHE VIII.

Une paire de Portes de douze pieds, représentées de tous les côtés.

Fig. 1. Les Portes, en Plan, & une partie du Seuil ponctuée. *A*, la Porte à Vanne. *B*, la Vanne, où l'on indique l'espace entre les Listeaux à rainures. *C*, le Fer pour enlever la Vanne. *D*, le Boulon, autour duquel tourne le Fer de la Vanne.

Fig. 2. La Vanne. *A*, la Vanne sur son plat, & les Listeaux dessus. *B*, la Vanne sur le côté. L'on voit ici l'espace entre les Listeaux. *C*, la Vanne sur son bout. *D*, la Vanne sur son plat, sans Listeaux, avec le Fer. *E*, le Fer, sur le côté.

Fig. 3. Les Portes, en Elévation. *A*, les Portes à vannes, avec le Revêtement dedans, cloué au-dessus de l'eau, & au-dessous de l'eau chevillé & cloué, c'est à dire cloué avec des cloux de bois & de fer. (1) Le Pôteau-battant avec des bondons de bois quarrés, sur les têtes des boulons. *B*, l'autre porte, avec la doublure. (2) Le Montant avec les bondons de bois quarrés, sur les têtes des boulons.

Fig. 4. Les Portes, en dedans. *A*, le Montant. *B*, le Poteau-battant, représenté avec la doublure entre les Revêtemens. *C*, la Traverse d'en-bas sur le plat & de côté. *D*, la Traverse d'en-bas de la Porte à vanne, sur son côté, avec le Listeau. *E*, le trou pour l'Etrier dans le Montant.

Fig. 5. L'Echelle.

PLANCHE IX.

On montre ici comment les portes d'une Ecluse, de 24 pieds de largeur, se doivent faire : dans l'une de ces Portes une Vanne qu'on guinde avec un Vindas, le Seuil derriere, & une Platte-forme avec les Entretoises devant le Seuil, telles qu'elles doivent être placées dans une Ecluse.

Fig. 1. La Porte à vanne, en Plan, comme elle est placée devant le Seuil. *A*, la Porte. *B*, le Seuil. *C*, les Entretoises. *D*, la Platte-forme, telle qu'on la pose dans l'Ecluse. *E*, les Rainures ponctuées pour bien fermer le derriere des Décharges par en-haut & par en-bas, contre le coulage.

Fig. 2. Les Portes, en Elévation ; la Porte à vanne vue par dehors, & l'autre par dedans. *A*, la Porte à vanne, avec le Revêtement extérieur. *B*, le Blochet, où se trouve une Poulie de métal, pour guinder la Vanne. *C*, le Montant avec les Mortaises & les Dents. *D*, la Traverse d'en-bas, avec le Listeau, sur lequel descend la Vanne. *E*, le Montant de l'autre porte, avec les Entretoises dedans, le Montant entaillé. *F*, la Porte vue par dedans, le Vuide d'en-bas, avec le Revêtement dedans, & les Rainures ponctuées par en-haut, sans Revêtement. *G*, une Traverse d'en-bas, posée de côté & sur le plat.

Fig. 3. L'Echelle.

PLANCHE X.

On montre ici, comment se doivent faire les Seuils & les Portes d'une Ecluse de 34 pieds de largeur, dont la Vanne entre dans la muraille, pour faire passer l'eau.

Fig. 1. Les Seuils assemblés l'un dans l'autre, devant lesquels les Portes sont ponctuées. *A*, le Seuil. *B*, la Clé. *C*, les Décharges. *D*, les Entretoises, pour l'affermissement du Revêtement, où les Coins sont remplis dans les derrieres des Décharges. *E*, une Décharge placée sur le côté & sur le plat, avec trois Tenons à l'un & deux à l'autre bout. *F*, l'autre Décharge, posée sur le côté & sur le plat, avec un ou deux Tenons, au choix de l'Architecte. *G*, le Seuil équarri, avec les Mortaises enhaut.

Fig. 2. Les Portes, en Elévation. *A*, la Porte, vue par dehors; & *B*, vue par dedans. *C*, le Poteau-battant, avec les mortaises & les dents en-haut. *D*, le Montant, avec le Revêtement extérieur, où la Rainure a 1 ou 2 pouces moins de profondeur que le Revêtement, afin de pouvoir entailler le Revêtement sur les Rainures & Entretoises, pour l'affermissement de la Porte. *E*, une Rainure faite. *F*, une Rainure ponctuée, où le Revêtement extérieur est en diagonale, & le Revêtement intérieur de haut en-bas, avec une doublure d'Ais de Sapin contre le Revêtement extérieur de la Traverse d'enhaut, jusqu'au plus bas de l'eau. Au reste, on laisse à chacun

cun la liberté de faire les Portes comme il voudra.

Fig. 3. L'Echelle.

PLANCHE XI.

Une paire de Portes avec un Seuil, pour une Ecluse de 50 pieds de large.

Fig. 1. Le Seuil, représenté tel qu'on le fait. *A*, le Seuil, en Plan. 1. La Clé. 2. Les Décharges. 3. Les grosses Entretoises. 4. Les petites Entretoises, telles qu'on les fait avec tenons & mortaises. *G*, le Seuil, l'un de ses bouts avec les mortaises, & l'autre avec les entretoises, & les rainures pour les revêtemens.

Fig. 2. Les Portes, en Elévation. *A*, les Portes, en Plan. *B*, les Portes, en Elévation, par dehors, avec les Rainures dedans, pour le revêtement. *C*, le Poteau-battant, avec les Entretoises & la Rainure; & la Doublure ponctuée. *D*, Un Montant, avec ses mortaises. *E*, la Porte par dedans, avec deux Vuides, les Rainures ponctuées. *F*, une Entretoise, avec ses tenons. *G*. L'Echelle.

PLANCHES XII. & XIII.

ECLUSE ou SAS, fort commode pour mettre à l'Embouchure d'une Riviere.

Cette Ecluse est très propre à cela, tant par sa grandeur, que par la grande force qu'elle a; ce qui fait qu'elle peut servir pour de gros Vaisseaux.
Elle

Elle sert aussi à arrêter l'eau jusqu'à une grande hauteur, pour inonder une grande contrée; & s'il ne vient pas assez d'eau d'en-haut, on peut faire entrer, moyennant les Ducres, de l'eau salée, autant qu'il est nécessaire; on peut la laisser de même écouler par les Ducres, lorsqu'on le juge à propos; & cela n'empêche pas l'Ecluse d'agir.

Pour venir maintenant à la hauteur de l'eau, qui pourroit s'arrêter devant, nous supposons la Riviere dans son plus bas de 18 à 22 pieds; pour sa profondeur ordinaire, 26 à 30; & pour la plus grande, 34 à 36 pieds. On la peut néanmoins encore arrêter environ 4 pieds de plus. Puis pour l'eau salée, en basse marée nous la supposons de 12 à 14 pieds; en haute marée 28 à 32; & à la plus haute marée, 37, 38 à 39 pieds: tout cela, à compter par dessus le Seuil.

Il s'agit maintenant de faire passer un Vaisseau, ou un autre Bâtiment, l'eau différant de 20, 21, 22 jusqu'à 23 pieds & davantage, comme cela peut bien arriver. Nous mettons l'eau dans la Riviere à 34, & celle de la Mer à 12 pieds; voilà une différence de 22 pieds; de sorte qu'il seroit dangereux de n'employer qu'une paire de portes. Pour employer donc deux paires de Portes, on laisse les Portes *C* & *D* fermées, l'eau étant basse, comme on peut voir dans les *Fig.* 1. & 2. de la XII. & XIII. Planche: il y aura ainsi 12 pieds d'eau par dehors, 23 entre *C* & *D*, & en-dedans 34 pieds. Le Bâtiment étant tiré dans l'Ecluse jusqu'à *C*, & les portes *A* & *B* bien fermées, on n'a qu'à ouvrir les Vannes 1. 2. 3. & 4; & quand l'eau entre *A* & *B* a baissé de 11 pieds, fermer la Vanne 1. & laisser les autres seulement ouvertes;

Tom. II.   C   &

& lorsque l'eau sera d'égale hauteur, on peut tirer le bâtiment hors de l'Ecluse.

Fig. 1. L'Ecluse en Plan, avec tout l'Ouvrage qui est au-dessus. *A, B, C, D,* sont les quatre paires de Portes fermées, par lesquelles on montre la maniere de faire passer les bâtimens. *E,* Le Pont par-dessus l'Ecluse, avec l'ouvrage de bois par-dessus les Ducres. *F,* montre les endroits où sont les Vindas, pour guinder les Portes des Ducres. 1, est la Pierre dans laquelle est posé le Vindas: 2, la Pierre qui sert d'Ecoutille, afin qu'on puisse approcher de la Machine. *G,* l'endroit où l'on guinde les Portes. 1, la Pierre dans laquelle sont posés les Vindas, pour guinder les Portes. 2, les Pierres qui servent d'Ecoutilles, pour venir auprès de la Machine. 3, les Crémillieres de fer aux Portes. *H,* les Grues, avec les grosses Vannes & Poutres, dont l'usage sera enseigné ci-après. 1, 2, 3 & 4, sont les Vannes, pour faire entrer & sortir l'eau salée. 5, 6, 7 & 8, sont les Vannes pour faire entrer l'eau de la Riviere dans l'Ecluse, & pour l'en faire sortir. 9 & 10, les Vannes pour boucher les Conduits, ce que nous avons cru être nécessaire, afin que si l'une ou l'autre des Vannes venoit à manquer, on pût les ôter. 11, 12 & 13, sont les Vannes pour faire entrer l'eau de la Riviere dans les Ducres, ou l'en faire sortir. 14, 15 & 16, sont les Vannes pour faire entrer l'eau salée dans les Ducres, & pour l'en faire sortir. 17, les Vannes pour boucher les conduits. 18, sont les Ecoutilles de pierre, pour entrer auprès des Portes dans les Ducres, soit pour les pouvoir pendre, ou y faire autre chose.

Fig.

Fig. 2. L'Ecluſe en Elévation, coupée, & l'eau dont elle eſt remplie. *A,B,C,D*, ſont les Portes bien fermées, pour retenir l'eau de la Riviere. *E*, une Porte dans le Renfoncement, pour le même uſage. *F*, les Portes dans les Renfoncemens, pour arrêter l'eau ſalée. *G*, les Seuils pour les Portes de dedans. *H*, les Seuils pour les Portes de dehors. *I*, les Pals-à-planches. *K*, les Grues ou le Guindage, avec les Poutres. *L*, la Baſcule, avec le Chaſſis ou l'Aſſemblage du Pont.

Fig. 3. Le bout de l'Ecluſe & du Ducre dans la Riviere. *A*, les Grues. *B*, le Pont entier ſur l'Ecluſe. *C*, l'Ecluſe. *D*, les Ducres. *E*, les Conduits dans les murs. *F*, les Allonges pour garantir les murailles. *G*, les Piliers aux Ducres. *H*, les Eperons de pierre contre le mur.

Fig. 4. L'Echelle.

PLANCHES XIV. & XV.

Ces Planches repréſentent le Fond de Hiage de tout l'Ouvrage. Mais chacun doit le faire toujours, ſelon la nature du fond & de la place. C'eſt pourquoi il me paroit impoſſible de donner une règle fixe ; mais je crois qu'il ſuffit de donner ce qui ſuit.

Fig. 1. Le Plan de l'Ecluſe & des deux Ducres. *A*, les ſix rangées de Pals-à-planches qui traverſent le Fond : les Seuils ponctués des deux côtés, qui ſont aſſemblés ſur les pilotis avec tenons & mortaiſes, & encore bien affermis avec des boulons à crampons, par les Seuils aux Pilotis. *B*, les petites rangées dans les Ducres, sur lesquelles tombent les grosses Vannes & les Poutres: les Platte-formes affermies comme auparavant. *C*, les petites Platte-formes pour la fermeté sous les Seuils. *D*, les Eperons de pierre, pour affermir davantage les murailles, & pour prévenir le coulage. 2. Sont vingt-un Patins ponctués, qui sont assurés sur les Pilotis quarrés avec tenons & mortaises; les Pilotis ronds qui sont aux côtés des Platte-formes & Patins, sont de niveau avec le fond d'enhaut des Patins.

La *Fig.* 2. indique combien la Barrière de l'Ecluse est plus basse que celle des Ducres. *A*, la Barriere des Ducres. *B*, la Barriere de l'Ecluse, & les Patins ponctués dessus.

Fig. 3. Le Fond de hiage des Ducres, & l'Elévation, avec les Patins sur les Racinaux: les Pals-à-planches viennent un pouce par-dessus.

Fig. 4. L'Echelle.

Fig. 5. Les rangées des Pals-à-planches traversantes; avec les Platte-formes & les Pilotis devant.

PLANCHES XVI. & XVII.

L'Ecluse ouverte, afin de pouvoir représenter tout ce qu'il y a à voir & à remarquer dans les Ducres.

Fig. 1. Le Plancher de l'Ecluse avec les Seuils, les Platte-formes, & a Maçonnerie. *A*, le Conduit qui se décharge dans la Mer, pour faire entrer & sortir l'eau de l'Ecluse & des Ducres. 1, 2, 3 & 4. les Ouvertures des Vannes, pour faire entrer & sortir l'eau de l'Ecluse. *B*, le Conduit qui

qui fe rend dans la Riviere, pour faire entrer & fortir l'eau de l'Ecluse. 5,6,7 & 8, les Ouvertures pour faire entrer & fortir l'eau de l'Ecluse. *C*, les Murs entre l'Ecluse & les Ducres. *D*, le bout de l'Ecluse dans la Riviere. *E*, son bout dans la Mer. *G*, les Seuils qui retiennent l'eau de la Riviere. *H*, les Seuils qui arrêtent l'eau salée.

Fig. 2. Les Planchers dans les Ducres, avec tous les Seuils, les Platte-formes, & la Maçonnerie. *A*, les Seuils de la prémiere Traverse, sur lesquels tombent les Poutres. *B*, les Seuils de la seconde Traverse, sur lesquels tombent les grosses Vannes. *C*, les Seuils de la troisieme Traverse, pour les Portes tournantes. *D*, les Conduits d'eau vers la Mer. 14, 15 & 16, les Ouvertures des Vannes. *E*, le Conduit d'eau vers la Riviere. *F*, les Murs extérieurs des Ducres. *G*, les Contreforts ou Eperons.

Fig. 3. L'Ecluse coupée, & ouverte environ jusqu'à la hauteur de 20 à 30 pieds.

Fig. 4. Les Ducres coupés & murés jusqu'à la hauteur de l'Ecluse, & continués par des points. *A*, les Piliers de la prémiere Traverse, devant lesquels viennent les Poutres. *B*, les Piliers de la seconde Traverse, devant lesquels viennent les grosses Vannes.

Fig. 5. Le bout de l'Ecluse & des Ducres dans la Riviere, ouvert à la hauteur de 20 à 30 pieds, & continué par des points. *A*, l'Ecluse. *B*, les Ducres.

Fig. 6. L'Echelle.

PLANCHE XVIII.

Un Bout d'un Ducre, avec trois Traverses, pour en marquer la force.

Fig. 1. Le Ducre, en Plan, avec une partie de l'Ecluse. *A*, le Seuil de la prémiere Traverse, sur lequel tombent les Poutres. *B*, le Seuil de la seconde Traverse, sur lequel tombent les grosses Vannes. 1. Les Poteaux avec les Liens derriere. 2. Les Listeaux qui entrent à queues d'aronde dans les piliers, pour prévenir l'endommagement des Poteaux, qui peut être causé par l'élevement & la chute des poutres & des grosses vannes. 3. Un Listeau qui entre dans les rainures, pour empêcher que les pierres de taille ne s'endommagent ni ne s'usent pas. On peut graisser tous les listeaux d'en-bas jusqu'en-haut, parce qu'ils sont dégagés ou affermis seulement avec un boulon. On peut aussi les renouveller, s'il est nécessaire. *C*, le Seuil de la troisième Traverse, pour les Portes tournantes. 4. Les Rainures entre les Seuils & les Décharges. *D*, la Vanne. *E*, l'Echelle.

Fig. 2. L'Elévation coupée, vue de côté. *A*, & *B*, la prémiere & la seconde Traverse, avec les Poteaux & les Liens derriere. 1. Les Seuils. 2. Les Platte-formes entaillées d'un pouce au plancher. 3. Les Liens ou Entretoises, qui sont entaillés d'environ trois pouces sur les Platte-formes, afin que cela tienne davantage. *C*, l'Ouverture de la Vanne, qui va du Conduit aux Ducres. *D*, le Renfoncement de la Porte tournante

nante. 1. le Linteau. 2. le Seuil. Ces Portes sont pendues de la même maniere que celles des Ecluses, & aussi avec de pareilles Crapaudines, Pivots, & Charnieres. 3. le Plancher. 4. les Patins. 5. les Racinaux. 7. les Pals-à-planches.

Fig. 3. Dessein d'une Porte-à-pivot, comme elles se doivent faire. *A*, Un Fer, pour ouvrir la Vanne, & autour duquel le Chassis est ponctué, tels qu'on les met aux trous. 1. Deux Clavettes, qui passent par le Treuil, pour le virement du Treuil & de la Porte-à-pivot. *B*, le Seuil d'en-bas, avec les deux bouts des Poteaux, & l'un des bouts du Treuil avec les Clavettes dedans. 1. les Etriers de fer qui tiennent autour du Seuil, & sont attachés aux poteaux par des boulons. 2. les Ressorts de la Crapaudine. *C*, le Seuil, en Plan, avec les bouts des Poteaux. 1. Crapaudine où entre le Treuil. 2. l'Echelle de *B*. & de *C*. 3. l'Echelle de *A*.

Fig 4. Le Ducre, en Elévation, au bout de devant. *A*, les Poteaux. *B*, les Conduits qui sont dans les murs.

NB. *Il y a dans chaque bout des Ducres, deux Ouvrages tels que nous venons de les décrire, savoir, deux Traverses avec des Poutres, deux avec de grosses Vannes ou des Portes tombantes, & deux avec des Portes tournantes.*

Maintenant pour en faire voir la force, nous supposons l'eau dans la Riviere 38 pieds au-dessus du Seuil, & l'eau salée 12 pieds au-dessus du Seuil: cela fait une différence de 26 pieds. Les Ducres étant ouverts, l'eau y passe à grande force. De serrer les Ducres par des Portes à pivot ou par de grosses Vannes, c'est ce que nous
ne

ne trouvons pas praticable, & nous estimons les Poutres meilleures, & plus à propos dans cette occasion. Pour fermer donc le Ducre, on laisse tomber 2 ou 3 Poutres, dans les Rainures de la prémiere Traverse, à compter de la Riviere. Mais à cause du grand courant, ces Poutres n'iront pas à fond; c'est pourquoi nous avons mis aux deux bouts une Etaie, qu'on met dans les Poutres avec un tenon, comme on le démontrera dans son lieu, & alors on peut guinder en-bas les Poutres avec les Grues.

Apres cela on passe à la seconde Traverse à poutres, & là on fait descendre 5 ou 6 Poutres, lesquelles étant guindées en-bas, on retourne à la prémiere, & ainsi du reste; c'est à dire, on laisse toujours descendre deux ou trois Poutres plus qu'on n'a fait à l'endroit d'où l'on vient, & l'on continue cela jusqu'à ce que tout soit rempli de Poutres; & après on baisse les grosses Vannes, lesquelles étant baissées, on ouvre la Vanne qui est devant la Porte-tournante, afin de donner passage à l'eau, en fermant les Portes tournantes, en cas qu'il y eût encore quelque coulage; & quand celles-ci sont bien fermées, on ferme aussi les Portes-à-pivot. C'est ce qui me paroit faisable de cette maniere. Mais si c'étoit trop de deux ou trois Poutres à la fois, on en peut prendre une ou deux; & quand l'eau aura été arrêtée assez longtems, & qu'on voudra rouvrir les Ducres, il faut ouvrir la Vanne qui est devant la Porte-tournante, & ouvrir ensuite les Portes tournantes aussi-bien que les grosses Vannes; & quand les grosses Vannes sont ouvertes, on tire deux ou trois Poutres de la prémiere Traverse, lesquelles étant tirées, on passe à la seconde Traverse

verse à Poutres, & quand on en a tiré 4 ou 6, on passe à la prémiere, & ainsi du reste, jusqu'à ce que toutes les Poutres soient tirées.

PLANCHE XIX.

Cette Planche fait voir toutes les Portes de l'Ecluse, & s'il est nécessaire qu'elles soient toutes d'une même longueur; en quoi il faut avoir égard à la disposition de l'endroit où l'on veut bâtir l'Ecluse.

Fig. 1. Les Portes de l'Ecluse, en Plan & en Elévation, avec les Trous du Courant aux Linteaux; après quoi l'on peut encore faire des Trous de Courant plus bas, devant lesquels on met un Volet, pour s'en servir en cas de besoin. *A*, une Porte, avec le Revêtement intérieur. *B*, le Poteau-battant. *C*, une Porte sans Revêtement intérieur, & la Doublure entre les Entretoises. *D*, le Poteau-battant, avec ses Mortaises. *E*, une Porte assemblée, pour y mettre le Revêtement. *F*, le Montant. *G*, une Porte, avec le Revêtement extérieur. *H*, une petite Porte par dedans, avec les Etriers ou Collets de fer qu'on y met. 1. le Collet. 2. le Montant. 3. le Poteau battant. *I*, la Porte par dehors, sans Revêtement. *K*, la Crapaudine & le Pivot. *L*, l'Echelle de la Crapaudine & du Pivot.

Fig. 2. Les Portes pour les Ducres, tant les grosses Vannes, que les Portes-tournantes, l'une sur l'autre. Il y a ici deux grosses Vannes posées l'une sur l'autre, parce qu'autrement elles seroient trop hautes & trop pesantes. 1. les Fers par lesquels les Portes sont jointes ensemble. 2. les Fers auxquels les Chaines sont accrochées, afin que les grosses Vannes étant guindées assez haut pour qu'on puisse atteindre aux Fers pour les détacher, l'on puisse alors y pendre celles d'en-bas, comme on le verra ci-après. Ou bien on peut prendre les Chaines assez longues pour qu'on puisse par leur moyen faire descendre la Porte jusqu'au fond; après quoi l'on attache la Chaine par en-haut, & l'on pose dessus la Vanne d'en-haut. 3. la Traverse d'en-bas, avec les Entretoises dedans. *B*, la grosse Vanne d'en-bas, avec un Revêtement, sans Doublure. 1. la Traverse d'en-bas, avec les trous dedans. *C*, la grosse Vanne d'en-haut, avec un Revêtement, & la Doublure par devant, & la Rainure faite pour l'autre Revêtement. La Ferrure est aussi représentée ici en grand, pour poser les Portes l'une sur l'autre, ou les pendre à une Chaine; avec l'Echelle auprès. 1. & 2. les grosses Vannes, par le bout. *D*, l'Echelle. *E*, une Porte-tournante par dehors, pour le Ducre. 1. un Poteau battant. 2. un Montant. *F*, une Porte-tournante en dedans, avec le Revêtement de dehors, & une Doublure dans les deux Vuides d'en-haut.

PLANCHE XX.

Les Grues ou le Guindage, moyennant lequel on guinde les grosses Vannes & les Poutres; les Moufles, leur Penture de fer & l'Arbre de la Grue

Grue pour guinder les Poutres en-bas & en-haut.

Fig. 1. Une Grue, en Plan. *A*, l'endroit où viennent les Poutres. 1. une petite Rainure pour le Cable, afin de ne point l'endommager lorsqu'on guinde les Poutres. 2. les Arc-boutans, avec les Listeaux devant. *B*, L'endroit où entrent les grosses Vannes. 1. l'endroit ponctué, où l'on met la grosse Vanne d'en-haut, quand on n'en a pas besoin. Les Essieux des Roues sont ici ponctués entre-deux. 2. les Arc-boutans avec les Listeaux devant. 3. les Pierres de taille où l'on scelle les Boulons, pour y attacher les Grues. 4. les Roues revêtues, pour pouvoir tourner dedans. 5. les Roues sans Revêtement.

Fig. 2. le même Plan, avec les Poutres ponctuées dessus. *A*, les Poutres, en Elévation, vues par le bout, mises l'une sur l'autre, avec leurs Entailles & Boulons.

Fig. 3. L'Elévation, du côté où les grosses Vannes se guindent. 1. les grosses Moufles avec les Cables qui y tiennent. 2. la Moufle inférieure. 3. le Crampon où l'on accroche la Moufle inférieure. 4. les Essieux. 5. la grosse Vanne ponctuée : 15. une Pierre avec un Listeau dedans.

Fig. 4. les Moufles représentées en grand. 1. L'Etrier de fer, avec les Crochets qui viennent autour de la Moufle, & serrés à boulons de fer. 2. la Moufle, de côté & sur le plat. 3. la grande Moufle, de côté & sur le plat. 4. la Moufle inférieure, de côté & sur le plat. 5. l'Etrier de fer, qu'on serre avec des boulons de fer. 6. les Chevilles de bois, avec une Clavette dedans. 7. l'Echelle.

Fig. 5. L'Elévation de la Grue. *A*, les Roués. *B*, l'Essieu auquel sont pendues les Roues. 1. l'endroit où l'on place la grosse Vanne d'en-haut. 2. un Loquet pour bien fermer la Porte. 3. le Palan pour guinder les grosses Vannes.

Fig. 6. L'Elévation de la Grue, du côté où viennent les Poutres. 1. l'Arbre pour guinder les Poutres en-haut & en-bas. 2. la Moufle inférieure. 3. le Crampon auquel est attachée la Moufle inférieure. 4. l'Essieu. 5. l'Echelle.

La *Fig.* 7. est un Démembrement de l'Arbre de la Grue, & un bout de la Poutre représenté en grand. 1. le bout d'une Poutre montré de deux côtés, avec l'Entaille où l'on plante l'Arbre, pour la guinder en-bas, avec les Boulons pour reguinder les Poutres. 2. un bout d'un Arbre & les Liens de fer à l'entour, comme ils doivent être posés l'un sur l'autre. 3. une Piece, sur son côté & sur le plat, qu'on met sur la fente, afin que le tenon soit bien affermi dedans. 4. un bout de l'Arbre, avec un Crochet de fer & l'Entaille où se trouve le Crochet, laquelle doit être faite en-bas de la profondeur qui est marquée par les points qui sont derriere le Crochet, afin que l'Arbre étant baissé, le Crochet puisse passer devant le Boulon qui est à la Poutre, & quand le Crochet est attaché au Boulon, alors on peut guinder la Poutre: on peut faire les Crochets aussi longs qu'on veut, pour guinder deux ou trois Poutres à la fois. 5. la moitié de l'Arbre représentée de deux côtés, avec les tenons en-bas & en-haut, & un boulon au bas bout, pour y amarrer le Cable d'en-bas. 6. Le haut bout de l'Arbre, avec une fente, pour poser l'un sur l'autre; & en-haut un boulon,

pour

Avec leurs Plans & Elévations.

pour y amarrer un Cable, comme au bas bout: cet Arbre est fait de deux pieces, pour l'ôter avec plus de facilité, quand on n'en a plus besoin. 7. l'Echelle.

PLANCHE XXI.

On marque ici, comment on guinde les Portes, moyennant une Crémilliere de fer, & une Lanterne qui entre dans la Cave qu'on fait dans le Mur de l'Ecluse.

Fig. 1. La Muraille de l'Ecluse. *A*, la Cave ponctuée. 1. une Pierre qui sert d'Ecoutille, pour entrer dans la Cave. 2. une Pierre dans laquelle est scellé un Cercle de fer pour y placer le treuil de la Lanterne, avec un Levier au-dessus, ponctué, avec lequel on tourne quand on veut que les Portes soient ouvertes ou fermées. 3. la Porte au Renfoncement & devant le Seuil, ponctuée. 4. Une Ouverture pour le Conduit.

Fig. 2. Une partie de la Cave, avec la Crémilliere & les Rouleaux, sur lesquels repose la Crémilliere. *A*, la Crémilliere, laquelle peut être posée sur une Lambourde, & alors il n'est pas nécessaire qu'elle soit aussi pesante quelle est maintenant. *B*, les Rouleaux sur lesquels passe la Crémilliere. *C*, deux Ressorts de fer bien fichés dans la muraille, dans un Etui de métal, qui est cimenté dans la muraille; & à l'autre bout un Rouleau, qui presse la Crémilliere vers la Lanterne. *D*, la Lanterne, avec le Treuil dedans. *E*, les Places de l'Essieu de métal, où sont les Rouleaux. *F*, le Rouleau ponctué au bout de devant de la place de l'Essieu, & un bout de la Crémilliere est aussi ponctué au-dessus.

Fig. 3. L'Elévation de la Lanterne, avec la Crémilliere & les Ressorts. *A*, la Crémilliere. *B*, le Rouleau sous la Crémilliere. *C*, la Lanterne avec le Treuil sur laquelle est posé un Levier de fer, pour ouvrir & fermer les Portes. *D*, les Ressorts avec les Coins devant. *E*, le Rouleau qui est entre les Ressorts pour pousser la Crémilliere contre la Lanterne. *F*, l'Echelle.

Fig. 4. Le Plan du Renfoncement, avec la Porte dedans, & une Porte-à-pivot. *A*, la Cave. *B*, le Montant. *C*, le Poteau-battant à la Porte. *D*, la Porte-à-pivot. *E*, le Collet de fer sur la Porte. *F*, le Collet de fer en grand par en-haut. *G*, l'Etrier, de côté. 1. la Crémilliere. 2. un Anneau de métal sous la Crémilliere, pour empêcher qu'elle ne s'use. 3. deux places de l'Essieu de pierre, pour les ficher dans la muraille avec du ciment au-dessous des pierres de taille, laquelle muraille vient en partie au-dessus du Renfoncement. 4. la longueur de la place de l'Essieu de pierre. 5. l'Echelle.

PLANCHE XXII.

Une Vis d'Archimede, qu'on tourne avec la main; & deux Pompes avec une Roue autour du Treuil & de la Manivelle, pour la commodité de ceux qui tournent la Manivelle.

Fig. 1. La Vis d'Archimede, qu'on appelle aussi Limace, en Plan, avec la Cage, & trois rangées

gées de Pêles autour du Treuil. *A*, la Cage. *B*, le Châssis. *C*, les Bras de la Manivelle.

Fig. 2. L'Elévation, par en-haut, comme elle est dans le Châssis, & un quart de la Cage omis, afin qu'on puisse voir les Pêles. *A*, la Tête d'en-bas, avec la Crapaudine, où tourne le Pivot. *B*, les Entretoises du Châssis. *C*, la Tête d'en-haut où est le Treuil. *D*, la Manivelle. *E*, les Bras de la Manivelle. *F*, l'Echelle. *G*, le Plan, dessiné en grand.

Fig. 3. Les Pompes, en Plan & en Elévation. *A*, le Plan. 1. les Pompes. 2. le Pied, avec la Manivelle & la Roue à l'entour. 3. la Bascule ponctuée. 4. la Croix sur laquelle est érigé le Poteau. *B*, l'Elévation. 1. les Pompes. 2. le Pied. 3. la Roue. 4. le Bâton de la Manivelle. 5. la Bascule. 6. le Poteau avec ses Liens. 7. l'Echelle.

Fig. 4. Le Treuil, en Plan & en Elévation. On marque ici de quelle maniere on met les Pêles au Treuil; & il me semble qu'il vaut mieux les mettre en quarré, que dans une rainure l'une contre l'autre, parce que si une seule sort de la rainure, toutes les autres ne tiennent plus; au lieu que quand elles sont mises en quarré, si quelqu'une vient à manquer, les autres tiennent pourtant mieux que dans une rainure. *A*, le Treuil, en Plan : on a marqué avec des points, combien les Pêles entrent dans le Treuil. *B*, le Treuil, en Elévation. 1. & 2. les Pêles dans le Treuil. 3. & 4. les trous des Pêles. 5. & 6. les trous représentés par des points. 7. & 8. les Rainures, en cas qu'on veuille mettre les Pêles l'une contre l'autre, & non pas en quarré; cette Rainure est faite d'un morceau de laiton ou de cuivre, qu'on plie autour du Treuil. 17. l'Echelle, qui est de 12 pieds pour la Pompe, & de 12 pouces pour le Treuil. C, la Vis d'Archimede de côté, comme elle est dans le Chassis.

PLANCHE XXIII.

Moulin à Chapelet, où quatre Chevaux peuvent aller, pour le faire tourner. On peut allonger & accourcir le Coffre & la Chaine autant qu'on veut : mais si on veut allonger le Coffre, il faut avoir grand soin d'éloigner les Jointures de l'Arbre ou du côté, autant qu'il est possible, parce que les Jointures étant toutes trois assemblées sur un même endroit, le Coffre pourroit non seulement couler à fond, mais aussi se déjoindre. Ce Moulin peut être tout démonté, pour le placer ailleurs.

Fig. 1. Le Plan du Moulin, avec la trace des Chevaux ponctuée autour. *A*, le Rouet, où tout est fermé avec des Boulons & des Chevilles-d'assemblage. 1. le Treuil, aiant au bout un Tourillon. 2. la Poutre ponctuée, avec un trou devant où entre le Tourillon. 3. une Poutre passante, ponctuée d'un Poteau à l'autre, par où la Poutre 2 passe avec un tenon, & qui est affermie avec un Coin & une Cheville, & encore une Clavette devant, comme on le peut voir dans l'Elévation. *O*, les Arbalêtriers, qu'on assujettit dans ces Poutres. 4. les Bras en croix d'en-haut, où les Liens sont attachés. 5. les Arbalêtriers d'en-haut, auxquels sont attachées les Allonges ou Liens. 6. les Liens qui sont serrés

avec

avec une vis & un boulon, en-haut & en-bas. 7. les Bras en croix d'en-bas. 8. les Bras rompus. 9. les Arbalêtriers, où entrent les bras rompus. 10. le Chaffis, fur lequel font pofés le Treuil, & la Lanterne. 11. les Bras que tirent les Chevaux. 12. un Treuil de fer, auquel on pend les Lanternes. 13. les Poteaux, avec les Liens & les Empatemens ou Soles. *B*, la Chaine & le Coffre d'en-haut, comme elle eft dans l'eau, avec l'Egoût devant, par où l'eau coule. *C*, le Treuil de fer, avec les Lanternes, en grand. 1. la Lanterne & le Coffre pour faire aller la Chaine. 2. la Lanterne qui fe tourne par le Rouet. 3. la Poutre du Pied où entre le Mamelon du Treuil. 4. la moitié de la Lanterne avec la Poutre, en Elévation.

Fig. 2. La Chaine repréfentée en grand: l'on montre auffi de quelle maniere les Chaines entrent l'une dans l'autre, & les Ais y font attachés à boulons & à chevilles. *A*, la Chaine avec les Ais, vue d'en-haut. 1. deux Ais ponctués, pour montrer que les Ais viennent juftement fur les Chainons, par lefquels on allonge & racourcit la Chaine en tirant ou fichant les Chevilles qui viennent devant les Ais. 2. les Chainons qui couchent fur les Fufeaux de la Lanterne ; ceux-ci font bien affermis par un boulon paffant, mais ici ils font affûrés chacun avec un boulon à part. 3. un bout de la Chaine repréfenté de deux côtés, avec le Reffort auquel font cloués les Ais. 4. le Reffort par derriere, avec un double Fer dedans. 5. l'Echelle. *B*, la Chaine autour de la Lanterne d'en-bas. 1. le Treuil pour la Lanterne. 2. une Cheville d'affemblage, pour ferrer les Jantes de la Roue, & pour en affermir d'autres chofes.

Fig. 3. Le Moulin, en Élévation, tel qu'il doit être dressé : mais la trace des Chevaux n'est pas marquée. On ne fait qu'un Plancher uni, avec des poutres & des planches, sur lesquels on établit le Moulin. *A*, le Coffre avec la Chaine. 1. les Chassis qui joignent le Coffre. 2. deux Chassis qui servent de Pieds, où sont les Treuils des Lanternes ; ces Chassis sont entaillés en dedans & autour du Coffre, de telle sorte qu'ils ne peuvent s'approcher de plus près. *B*, le Coffre par en-haut avec la Chaine, comme il passe au-dessus de la planche d'en-haut vers le bas. *C*, une Chevre où Trispaste, pour faire monter & descendre le Coffre. 1. le Bicoq, ou Pied de Chevre, qu'on met avec un tenon à la tête, & une clavette devant. Il faut ici plusieurs Bicoqs, chacun de différente longueur, pour s'en servir, selon la commodité du terrein. *D*, la Chevre, par devant. 1. le Vindas, pour lever & abaisser le Coffre. 2. le Coffre dessiné très exactement comme il doit être fait, avec un Chassis à l'entour. *E*, le Chassis sur lequel pose le Treuil. 1. la Crapaudine. 2. les Entailles où vient le Poteau du Pied pour la Lanterne. *F*, les Boulons quarrés à tête platte, de côté & sur le plat, avec une plaque sur laquelle tourne le Treuil. *G*, l'Echelle.

PLANCHE XXIV.

Représentation d'un Ouvrage fort ingénieux, où l'on montre de quelle maniere on peut, avec des Coffres, construire des Ponts & d'autres Bâtimens dans les Rivieres courantes, ou autres eaux,

eaux, sans Levées, en y enfonçant des Coffres.

Fig. 1. Le Coffre, en Plan. Pour faire quelque Bâtiment sur une eau courante, on place le Coffre à l'endroit où l'on veut dresser un Pilier, en posant les Poutres l'une sur l'autre, jusqu'à ce que le Coffre soit enfoncé aussi avant qu'on le souhaite; après on met les Pals-à-planches entre le Revêtement & les Entretoises, aussi profondes qu'il le faut. Puis on place une ou deux Pompes dans le Coffre, pour en pomper l'eau; alors on y peut piloter, fonder, & maçonner. Quand on craint le courant, on peut élever une Digue, comme la lettre *B* le montre, laquelle Digue est arrêtée par deux ou trois ancres. Au reste, on enfonce les Pilotis & les Pals-à-planches, de la même façon qu'il a été dit du Coffre. *A*, le Pilier. *C*, le Coffre en Perspective, avec les Poutres au-dessus des Poteaux, *D*, le Coffre sans les Poutres. On fait autour de ce Coffre trois Chassis, parce que chaque côté fait une piece à part. *E*, le bout du Coffre, avec le Revêtement extérieur. Il faut laisser une distance d'un pouce & demi entre le Revêtement de dehors & les Entretoises, pour les Pals-à-planches qu'on hie entre deux. Il faut que les bouts d'en-bas des Poteaux soient aussi longs qu'on les croit pouvoir enfoncer. Plus le Fond est solide, plus les Poteaux doivent être courts. On peut aussi ferrer par en-bas les bouts des Poteaux, c'est-à-dire, leur mettre des Lardoires ou des Sabots, quand on craint d'atteindre du bois ou des pierres. *F*, un Bout, avec les Pals-à-planches entre

tre le Revêtement & les Entretoises; & les Poutres sur les Poteaux, sur lesquelles on met la Charge, pour enfoncer le Coffre. G, l'Echelle.

Fin du Second Tome.

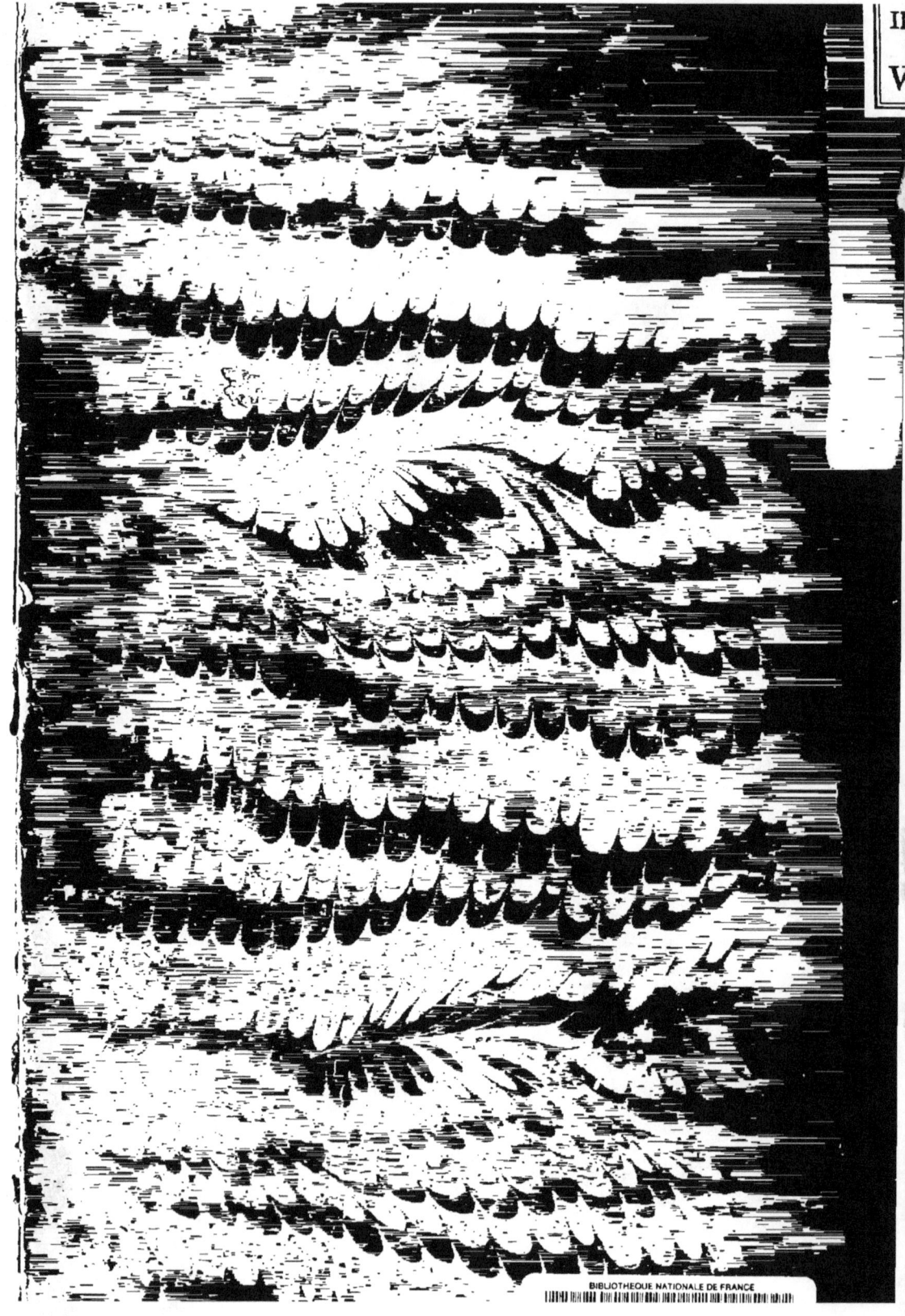

www.ingramcontent.com/pod-product-compliance
Lightning Source LLC
Chambersburg PA
CBHW060642050426
42451CB00010B/1202